ORACIONES DESPUES DEL F. F. ...

TABLA DE CONTENIDO

INTRODUCCION

En este momento de profundo dolor y tristeza por la pérdida de nuestro ser querido, encontramos consuclo y fortaleza en la fe y en la oración. Estas nueve jornadas de plegarias nos brindarán la oportunidad de honrar la memoria de nuestro familiar fallecido, de pedir por su descanso eterno y de encontrar consuelo en la esperanza de la vida eterna. Que estas oraciones nos guíen en nuestro proceso de duelo y nos ayuden a encontrar paz en medio de la aflicción. Que el amor y la misericordia de

Dios nos sostengan en estos momentos difíciles y nos ayuden a encontrar consuelo y fortaleza para seguir adelante. Amén.

PROLOGO

En los momentos más difíciles y dolorosos de nuestras vidas, encontramos consuelo en la fe y la oración. Este libro de oraciones para nueve días después del fallecimiento de un ser querido es una guía para acompañarnos en el proceso de duelo y permitirnos conectar con nuestra espiritualidad en medio del dolor. A través de las palabras y enseñanzas aquí recopiladas, buscamos encontrar paz y fortaleza en la fe, recordando que nuestro ser querido ahora descansa en paz junto a Dios. Durante estos días de rezo y reflexión, elevamos nuestras plegarias por el descanso eterno del alma de nuestro amado familiar, y pedimos por consuelo y serenidad para nosotros mismos y para todos los que comparten nuestro dolor. Que estas oraciones nos guíen en el camino hacia la sanación y la aceptación, recordándonos que el amor y los recuerdos que guardamos en nuestro corazón son eternos.

Con fe y esperanza, abrimos este libro de oraciones para dedicar estos nueve días a honrar la memoria de nuestro ser querido y encontrar consuelo en la presencia amorosa de Dios.

RECOMENDACIÓN

Antes de comenzar a leer el libro de oraciones para los nueve días después del fallecimiento de un familiar, te recomendaría tomarte un momento para reflexionar sobre tus sentimientos y emociones. Es importante permitirte sentir el dolor y la tristeza que surgen tras la pérdida de un ser querido, y este libro de oraciones puede ser una herramienta valiosa para acompañarte en ese proceso de duelo. Te sugiero también buscar un lugar tranquilo y libre de distracciones para dedicarle tiempo a la lectura y la meditación. Enciende una vela, si te reconforta, y crea un ambiente propicio para la contemplación y la conexión espiritual. Recuerda que cada persona vive el duelo de manera única y que no hay una forma correcta de hacerlo. Permítete sentir lo que necesites sentir y utiliza este libro de oraciones como una guía para encontrar consuelo y fortaleza en estos momentos difíciles. Finalmente, no dudes en buscar apoyo emocional en tus seres queridos, amigos cercanos, o un profesional de la salud mental si lo consideras necesario. El proceso de duelo es personal y es importante cuidar de tu bienestar emocional durante este período de pérdida. Que las oraciones y reflexiones contenidas en este libro te acompañen en tu proceso de sanación y te brinden paz interior.

REFLEXION

Hoy comienza la novena en honor a nuestro querido familiar y ser amado que ya no está físicamente entre nosotros. Es un momento de profunda reflexión y conexión con su presencia espiritual, recordando los momentos compartidos y el amor que nos unía. En este primer día de la novena, es importante recordar que aunque ya no podamos ver a nuestro ser querido, su espíritu y su energía siguen vivos en nosotros. Su legado de amor, bondad y enseñanzas sigue presente en nuestra vida y en nuestros corazones. Es momento de agradecer por todo lo que nos dio, por los momentos de felicidad compartidos y por el amor incondicional que siempre nos brindó. También es momento de perdonar cualquier resentimiento o dolor que pueda haber quedado en nuestro corazón, y de dejar espacio para la paz y la sanación. Que esta novena sea un tiempo de reencuentro espiritual con nuestro ser querido, de amor incondicional y de gratitud por haber tenido la bendición de tenerlo en nuestras vidas. Que su luz siga iluminando nuestro camino y que su amor nos acompañe siempre. Que en este primer día de la novena, podamos sentir su presencia y su amor de una manera especial, recordando que el vínculo que nos une trasciende la separación física. Que su recuerdo nos dé fuerza y consuelo en este momento de duelo, y que podamos honrar su memoria de la mejor manera posible, viviendo con amor, compasión y gratitud. Que así sea.

NOVENARIO Y SANTO ROSARIO

ORACION INICIAL

1- PERSIGNACION
2- EL CREDO
3- EL YO CONFIESO
4- EL GLORIA AL PADRE
5- EL SALVE REINA Y MADRE

Oh Señor, Padre celestial, en este primer día de novenario nos acercamos a ti con humildad y amor, para elevar nuestras plegarias por nuestro ser querido (nombre de tu ser amado fallecido), que partió de este mundo hacia tu presencia. Te pedimos, Señor, que recibas con brazos abiertos a nuestro familiar fallecido, que lo acojas en tu reino de paz y bendición. Concédele el descanso eterno y la compañía de los santos y ángeles que le guíen en su camino hacia la luz de tu amor. Derrama tu consuelo sobre nuestra familia en este momento de dolor y tristeza. Ayúdanos a recordar con cariño y gratitud los momentos vividos junto a nuestro ser querido, y a encontrar consuelo en la certeza de que se encuentra en un lugar de paz y felicidad. Te pedimos, Señor, que nos des fuerzas y esperanza para seguir adelante con fe y confianza en tu voluntad. Que este novenario sea un tiempo de reflexión, oración y unión familiar en el que podamos sentir tu presencia y consuelo en medio de nuestra aflicción. Te lo pedimos en el nombre de tu Hijo amado, Jesucristo, que venció la muerte para brindarnos la esperanza de la vida eterna. Amén.

DIA 1

Querido Dios, En este primer día de novenario queremos elevar nuestras plegarias en honor a nuestro querido familiar que ha partido de este mundo. Con nuestros corazones llenos de amor y gratitud, te pedimos que lo recibas en tus brazos con tu infinita misericordia y lo guíes hacia tu celestial morada. Señor, te pedimos que le concedas la paz eterna y la luz perpetua que brille sobre él. Que encuentre consuelo y descanso en tu presencia, y que pueda disfrutar de la felicidad y el amor que sólo tú puedes dar. Te pedimos también, Señor, que nos des fortaleza a nosotros, sus seres queridos, en este momento de dolor y tristeza. Ayúdanos a recordar los momentos felices que compartimos juntos, y a mantener vivo su recuerdo en nuestros corazones. Que este novenario sea una oportunidad para honrar su memoria, celebrar su vida y encontrar consuelo en la fe y en la esperanza de un reencuentro en el reino de los cielos. Te pedimos todo esto, Señor, en el nombre de tu amado Hijo, Jesucristo. Amén.

DIA 2

Oh Dios Todopoderoso, en este segundo día de novenario nos postramos ante Ti con humildad y devoción, para elevar nuestras plegarias por nuestro familiar amado (Decir el nombre de tu ser amado fallecido) que ha partido de este mundo y ahora descansa en Tus brazos. Señor Jesús, Tú que conoces el dolor y la aflicción de perder a un ser querido, te pedimos que acompañes a nuestro familiar en su tránsito hacia la luz eterna. Que su alma encuentre la paz y el descanso en Tu presencia, y que sea acogido en Tu reino con amor y misericordia. Dios Padre, en este segundo día de novenario te pedimos que derrames tu consuelo y fortaleza sobre nuestra familia, para que podamos sobrellevar este dolor con fe y esperanza en la vida eterna que nos prometes. Ayúdanos a aceptar Tu voluntad y a confiar en que todo lo haces por nuestro bien. Te pedimos, Señor, que nos des la fuerza para seguir adelante, para recordar a nuestro ser querido con amor y gratitud, y para honrar su memoria viviendo de acuerdo con Tus enseñanzas y valores. Que su partida sea para nosotros una oportunidad de crecimiento espiritual y de renovación en nuestra fe. Te encomendamos, también, a todos los seres queridos que ya han partido y que nos preceden en el camino hacia Ti. Que su memoria sea una fuente de inspiración y consuelo, y que sus bendiciones nos acompañen en todo momento. Amén.

DIA 3

Oh Virgen María, Madre de Misericordia, hoy nos reunimos en este tercer día de novenario para recordar a nuestro familiar amado (decir el nombre de tu ser amado fallecido) que ha partido de este mundo y ha regresado a la casa del Padre. Te pedimos, oh Madre amorosa, que intercedas por su alma ante tu Hijo

Jesucristo, para que pueda gozar de la luz eterna y del descanso en su presencia. Que en este día de recuerdo y oración, podamos encontrar consuelo en tu amor y en tu ternura, sabiendo que nuestro ser querido está en paz y en compañía de Dios. Te pedimos también por nuestra familia, para que podamos superar el dolor de la ausencia y encontrar en la fe la fortaleza y la esperanza necesarias para seguir adelante. Virgen María, Ruega por nosotros, pecadores, ahora y en la hora de nuestra muerte. Amén.

DIA 4

Oh Espíritu Santo, presencia divina que nos guía y consuela, en este cuarto día de novenario elevamos nuestra plegaria por nuestro familiar amado (decir el nombre de tu ser amado) que ha partido de este mundo hacia la eternidad. En este día de oración y reflexión, te pedimos que ilumines nuestro camino y nos des fuerzas para seguir adelante con la esperanza en la vida eterna. Que tu consuelo y amor inunde nuestros corazones en este momento de tristeza y dolor por la partida de nuestro ser querido. Te pedimos, Espíritu Santo, que bendigas el alma de nuestro familiar fallecido y le concedas la paz y la luz eterna en tu presencia. Que su espíritu encuentre descanso y consuelo en tu amor infinito. Te pedimos también, oh Espíritu Santo, que nos ayudes a aceptar la voluntad de Dios y a encontrar consuelo en la fe en medio de nuestra aflicción. Que nuestra fe se fortalezca y que podamos encontrar consuelo en la certeza de que nuestro ser querido descansa en los brazos amorosos de nuestro Padre celestial. Que en este cuarto día de novenario, podamos sentir tu presencia y tu paz en medio de nuestro dolor. Que nuestra fe se renueve y que podamos encontrar consuelo y esperanza en la promesa de la vida eterna. Te pedimos, oh Espíritu Santo, que nos concedas la fortaleza para seguir adelante, la paz para aceptar la voluntad de Dios y la esperanza de un reencuentro en la eternidad. Amén.

DIA 5

Padre amado, en este quinto día del novenario queremos elevar nuestras oraciones a ti, en compañía de la sagrada familia, para pedir por nuestro familiar amado (Decir el nombre de tu ser amado) que ha partido de este mundo. En este día, te pedimos que llenes de consuelo y paz a nuestros corazones, que aún sienten la ausencia de nuestro ser querido. Que nos des fuerzas para seguir adelante, confiando en tu divina providencia y en el amor eterno que nos une a ti y a nuestra familia Te pedimos, Señor, que recibas a nuestro familiar en tu seno, que lo guíes por el camino de la luz y la felicidad eterna. Que le concedas la paz que solo tú puedes dar, y que lo rodees de tu amor infinito para que encuentre descanso en tu presencia. En esta jornada de oración, te pedimos también por nuestra familia, para que permanezca unida en la fe y la esperanza, fortaleciendo nuestros lazos de amor y solidaridad. Que podamos sostenernos mutuamente en estos momentos de dolor, encontrando consuelo y paz en la unión que nos une como familia. Señor, te pedimos que nos concedas la fortaleza necesaria para aceptar tu voluntad y seguir adelante con fe y esperanza en que un día nos reuniremos con nuestro ser querido en tu presencia. Que en medio de la tristeza y la nostalgia, podamos encontrar consuelo en la certeza de tu amor infinito y en la promesa de la vida eterna junto a ti. Te encomendamos, Sagrada Familia, a nuestro familiar amado, para que intercedan por él ante el Padre celestial y le acompañen en su camino hacia la luz eterna. Que la Virgen María, San José y el Niño Jesús le guíen y protejan en su viaje hacia el encuentro definitivo contigo, Señor. Te lo pedimos todo en el nombre de Jesucristo, tu Hijo amado, quien vive y reina contigo en la unidad del Espíritu Santo, por los siglos de los siglos. Amén.

DIA 6

Oh Dios Padre, en este sexto día del novenario nos presentamos ante Ti con corazones llenos de amor y gratitud por haber compartido la vida con nuestro ser querido (decir el nombre de tu ser amado) que ahora descansa en Tus brazos. Te pedimos que le concedas la paz eterna y el descanso en Tu presencia. Oh Dios Hijo, te pedimos que envíes a tus ángeles para que acompañen el espíritu de nuestro ser amado en su camino hacia Ti. Que encuentre consuelo en tu amor infinito y que pueda disfrutar de la luz y la alegría de Tu presencia por toda la eternidad. Oh Espíritu Santo, derrama Tu consuelo sobre nuestra familia en este momento de dolor y tristeza. Ayúdanos a encontrar la paz y la fortaleza necesarias para seguir adelante sin nuestro ser querido, sabiendo que está en un lugar mejor, libre de sufrimiento y dolor. Padre, Hijo y Espíritu Santo, Te pedimos que nos des la fuerza para aceptar Tu voluntad y confiar en Tu plan divino. Ayúdanos a recordar los buenos momentos compartidos con nuestro ser amado y a mantener viva su memoria en nuestros corazones para siempre. En este sexto día del novenario, Te pedimos que bendigas a nuestra familia y nos fortalezcas en la fe, la esperanza y el amor. Que nuestra fe en Ti nos guíe por el camino de la sanación y la paz, y que podamos encontrar consuelo en Tu amor eterno. Amén.

DIA 7

Señor Todopoderoso, en este séptimo día del novenario por nuestro familiar amado fallecido, (decir el nombre de tu ser amado) venimos ante Ti con humildad y amor, para pedir tu misericordia y perdón para su alma. Que en este día especial, los ángeles y todos los santos intercedan por él, para que encuentre la paz y el descanso eterno en tu presencia. Que su alma sea purificada de todo pecado y que encuentre el perdón que tanto anhelaba. Te pedimos, Señor, que le otorgues tu bondad y tu amor incondicional, para que pueda alcanzar la eternidad a tu lado. Que su partida nos enseñe a valorar la vida y a recordar siempre su legado de amor y bondad. Que en este día de oración y recuerdo, podamos encontrar consuelo en tu amor infinito y en la certeza de que nuestro ser querido descansa en tu seno. Te entregamos su alma y confiamos en tu justicia divina. Amén.

DIA 8

Oh Señor, en este octavo día del novenario, elevamos nuestras plegarias por el alma de nuestro familiar amado que ha partido (decir el nombre de tu ser amado fallecido) de este mundo hacia la eternidad. Con humildad y fe, te pedimos que le concedas el perdón de sus pecados y le permitas gozar del descanso eterno en tu presencia. Dios misericordioso, sabemos que solo Tú tienes el poder de perdonar los pecados y conceder la paz a las almas de los fieles difuntos. Te pedimos que derrames tu infinita misericordia sobre nuestro ser querido y le otorgues la luz perpetua de tu presencia. Que en este momento de oración y reflexión, podamos sentir tu consuelo y tu amor, confiando en que aquellos que han partido están en tu cuidado y bajo tu protección. Que puedan descansar en paz en tu reino celestial, donde no hay dolor ni sufrimiento, solo gozo y felicidad eterna. Fortalécenos, Señor, en la fe y la esperanza de que un día nos reuniremos todos en tu presencia, gozando de la vida eterna junto a nuestros seres queridos. Te pedimos que nos concedas la fuerza y el consuelo necesarios para seguir adelante en este camino de fe y amor. Amén.

DIA 9

Amado Padre Celestial, en este noveno día de nuestro novenario por nuestro familiar amado fallecido, (Decir el nombre del ser amado fallecido) elevamos nuestra voz y nuestro corazón hacia Ti, para pedirte que su alma permanezca eternamente bajo tu amparo y el de la Virgen María. Hemos recorrido juntos este camino de oración y recuerdo, confiando en tu misericordia y tu amor infinito. Hoy, en este último día de nuestro novenario, te pedimos que recibas con amor a nuestro ser querido en tu reino celestial, donde no hay sufrimiento ni dolor, solo paz y felicidad eterna. Que la Virgen María, Madre de todos los creyentes, interceda por él ante tu trono, para que su alma encuentre descanso y consuelo en tu presencia. Que su espíritu sea guiado por la luz de tu amor, y que encuentre la plenitud de vida que solo Tú puedes dar. Te agradecemos, Señor, por el tiempo que nos concediste junto a nuestro ser amado, y te pedimos que nos des la fortaleza y la esperanza para seguir adelante, confiando en que un día nos reuniremos de nuevo en tu presencia. Que en este noveno día de nuestro novenario, su alma encuentre la paz y la dicha eterna en tu reino celestial. Amén.

ORACION DE CONSUELO A LOS FAMILIARES

Oh Creador de todas las cosas, hoy me dirijo a ti con un corazón dolorido por la pérdida de nuestro ser querido. (Decir el nombre de tu ser amado) En este momento de tristeza y angustia, te pido que envíes consuelo y resignación a los familiares y amigos y a mí mismo que estamos atravesando por el profundo dolor de la partida de nuestro ser amado. Te pedimos que les des fuerzas para sobrellevar esta difícil situación, que les des la paz que necesitan para aceptar la partida de nuestro ser querido y que nos ayudes a encontrar consuelo en la certeza de que ahora descansa en tus brazos eternos. Te pedimos que nos concedas la serenidad necesaria para enfrentar estos momentos de duelo, que les des la capacidad de recordar a su ser amado con amor y gratitud, y que les ayudes a encontrar paz en medio de esta tormenta emocional. Que tu luz divina ilumine sus caminos y les guíe en este proceso de duelo, que les ayude a encontrar consuelo en la fe y en la certeza de que su ser amado descansa en tu presencia, en un lugar de paz y armonía. Te pedimos, oh Creador, que nos des la fortaleza necesaria para seguir adelante, que nos ayudes a encontrar sentido en esta pérdida y que les permitas sanar sus corazones heridos para poder seguir adelante con la esperanza de un reencuentro en la eternidad. Que tu amor infinito nos envuelva y nos brinde el consuelo y la paz que tanto necesitamos en estos momentos de dolor. Te lo pedimos humildemente, en nombre de tu amor y misericordia. Amén.

REFLEXION

En el último día de la novena a nuestro familiar y ser amado fallecido, es importante recordar que su espíritu siempre estará presente en nuestros corazones. A lo largo de estos nueve días, hemos recordado su vida, su amor y todo lo que nos enseñó. Es un momento de reflexión y agradecimiento por haber tenido la oportunidad de conocer y amar a esa persona tan especial. Aunque ya no esté físicamente con nosotros, su presencia sigue viva en nuestros recuerdos y en todo lo que nos dejó como legado. Es natural sentir tristeza y nostalgia en este día, pero también es importante recordar que nuestro ser querido está en un lugar de paz y descanso. Que su memoria nos inspire a seguir adelante con fuerza y amor, honrando su vida y su legado. Que en esta última jornada de la novena, podamos encontrar consuelo en la certeza de que nuestro ser querido siempre será parte de nosotros, guiándonos y protegiéndonos desde el cielo. Que su luz brille siempre en nuestros corazones y nos dé la fuerza para seguir adelante con esperanza y amor.

DIA 10

En este momento de profundo dolor y tristeza, acudimos a ti con nuestro corazón abierto y nuestras lágrimas derramadas, clamando por tu consuelo y tu paz. Hoy, recordamos con amor y gratitud a nuestro querido familiar y ser amado que ha partido de este mundo, y lo encomendamos a tu santa presencia. Dios misericordioso, en este día décimo de la novena, te pedimos que ilumines el camino de nuestro ser amado en su viaje hacia la eternidad, que le des descanso en tu regazo y que le concedas la felicidad eterna en tu presencia. También te pedimos que nos des la fuerza y la fe para seguir adelante, sabiendo que un día nos reuniremos con él en tu reino. Señor bondadoso, te pedimos que nos ayudes a sanar nuestras heridas y a encontrar consuelo en tu amor infinito. Danos la paz en medio de nuestro dolor, y la esperanza de que un día, en tu eternidad, volveremos a estar juntos para toda la eternidad. En este día décimo de la novena, te pedimos que cuides de nuestro ser amado y que le brindes tu amor y tu misericordia. Agradecemos por el tiempo que compartimos juntos y por los recuerdos preciosos que atesoramos en nuestro corazón. Amén.

DIA 12

Oh bondadoso Dios, en este día Doce de la novena a nuestro amado familiar que partió de este mundo, te pedimos que recibas nuestras oraciones con amor y misericordia. En este día recordamos con gratitud y amor a nuestro querido ser querido, que ahora descansa en tus brazos. Pedimos que le concedas la paz eterna y la felicidad en tu presencia. Te pedimos, Señor, que sigas cuidando de él/ella en el más allá, y que lo/la llenes de tu amor infinito. Que encuentre consuelo y descanso en tu compañía, y que su alma pueda encontrar el descanso eterno en tu presencia. Que nuestras lágrimas de tristeza se conviertan en lágrimas de alegría al recordar los momentos felices que compartimos con nuestro ser amado. Que podamos encontrar consuelo y esperanza en la certeza de que algún día nos volveremos a reunir en tu amor eterno. Te pedimos, Señor, que nos des fuerza y consuelo en este tiempo de duelo, y que nos ayudes a aceptar tu voluntad divina. Que nuestra fe en ti crezca más fuerte cada día, y que podamos encontrar consuelo en tu amor y gracia. Te agradecemos, Señor, por habernos dado la oportunidad de amar y ser amados por nuestro ser querido. Que su memoria y su legado vivan para siempre en nuestros corazones, y que podamos honrarlo/a con nuestras acciones y palabras. En este día Doce de la novena, te pedimos que escuches nuestras plegarias y que bendigas a nuestro ser amado con tu paz y amor eterno. Amén.

DIA 13

Oh Dios misericordioso, en este día trece de nuestra novena, te pedimos que escuches nuestras plegarias por nuestro familiar y ser amado que ha partido de este mundo. Con corazones llenos de amor y gratitud, queremos recordar su vida, su bondad y su amor incondicional. Señor, te pedimos que cuides de su alma y lo lleves a la paz eterna en tu reino celestial. Que encuentre consuelo y alegría en tu presencia, y que sus sufrimientos terrenales sean olvidados en la luz de tu amor. Te pedimos también, Señor, que nos des fortaleza y consuelo a nosotros, sus seres queridos, en este momento de duelo y tristeza. Ayúdanos a recordar los buenos momentos compartidos, y a encontrar paz en la certeza de que nuestro ser amado descansa en tu amor infinito. Que esta novena sea para él/ella una fuente de luz y esperanza en su camino hacia ti, y que nuestras oraciones lo acompañen en cada paso de su viaje. Amén.

DIA 14

Día catorce de nuestra novena, Recorremos juntos este camino, Recordando con amor a nuestro ser querido, Que ya no está físicamente con nosotros. En este día especial dedicado a él, Elevamos nuestras plegarias con fervor, Rogando por su paz y descanso eterno, En la presencia amorosa de Dios. Que su espíritu siga iluminando nuestro camino, Que su memoria perdure en nuestros corazones, Que sus enseñanzas nos guíen en cada paso, Y que su amor siga protegiéndonos. Amado familiar, escucha nuestras palabras, Recibe nuestras oraciones con gratitud, Siente nuestro amor y nuestro anhelo de reencuentro, En la morada celestial donde todo es eterno. Te recordamos con cariño y gratitud, Celebrando la bendición de haberte tenido en nuestras vidas, Y confiando en que algún día nos reuniremos de nuevo, En la presencia de nuestro Señor. Amén.

DIA 15

Oh Dios misericordioso, en este día QUINCE de la novena en honor a nuestro querido familiar y ser amado que ha partido de este mundo, te elevamos nuestras oraciones con humildad y amor. En esta noche de recuerdos y nostalgia, te pedimos que llenes nuestros corazones de paz y consuelo. Que tu luz divina ilumine el camino de nuestro ser querido en su travesía hacia la eternidad, y que encuentre descanso y serenidad en tu presencia. Te pedimos, Señor, que encomiendes a tu ángel guardián la protección y guía de nuestro familiar fallecido, para que sea acompañado en todo momento por tu amor y misericordia. Fortalécenos, oh Dios, en medio de nuestro dolor y tristeza. Ayúdanos a aceptar la partida de nuestro ser amado con resignación y fe en tu plan divino, sabiendo que algún día nos volveremos a encontrar en tu reino celestial. Derrama tu paz sobre nuestra familia, consuélales en su aflicción y dales la fortaleza necesaria para seguir adelante con esperanza y fe en tu amor eterno. Te agradecemos, Señor, por el tiempo que compartimos con nuestro querido familiar y por el amor que nos regaló. Que su memoria perdure en nuestros corazones por siempre, recordándonos el valor de la vida y la importancia de amar y ser amados. Concluimos esta plegaria, confiando en tu bondad y misericordia, sabiendo que en ti encontramos consuelo y esperanza. Amén.

DIA 16

Oh amado/a familiar, en este día 16 de la novena te recordamos con amor y gratitud. Sabemos que estás en un lugar de paz y que nos guías desde el más allá. Te pedimos que intercedas por nosotros, que nos fortalezcas en nuestra fe y nos des consuelo en nuestro dolor. Que nos ilumines en nuestros momentos de oscuridad y nos acompañes en nuestro camino. Te pedimos que cuides de nosotros desde donde estás, que nos envíes tu amor y tu protección. Que nos des la fuerza para seguir adelante, para superar nuestras penas y encontrar la paz en nuestro corazón. Que tu recuerdo sea siempre una luz en nuestras vidas, una guía que nos inspire a ser mejores personas y a seguir tu ejemplo de amor y generosidad. Te pedimos que nos concedas la gracia de poder encontrarnos contigo algún día en el reino de los cielos, donde no habrá más lágrimas ni sufrimiento, solo amor y paz eterna. Amado/a familiar, te recordamos con cariño y te llevamos siempre en nuestro corazón. Descansa en paz y que la luz eterna brille sobre ti. Amén.

DIA 17

Querido Dios, en este día 17 de la novena a nuestro familiar y ser amado fallecido, queremos elevar nuestra voz hacia ti en forma de plegaria, para pedir por su descanso eterno y por la paz de su alma. Señor, te pedimos que recibas a nuestro ser querido en tu gloria, que lo acojas con tus brazos amorosos y le concedas el descanso eterno que tanto merece. Que su alma encuentre la paz y la felicidad en tu presencia, y que pueda disfrutar de la vida eterna junto a ti. Dios misericordioso, te suplicamos que perdones sus pecados y le concedas el perdón y la redención que necesita para alcanzar la salvación. Que su alma sea purificada por tu amor y misericordia, y que encuentre la luz en medio de las tinieblas. Padre celestial, te pedimos que consueles a nuestra familia en este tiempo de duelo y tristeza. Que nos des la fuerza y la esperanza para seguir adelante, sabiendo que nuestro ser querido está en un lugar mejor, junto a ti. Te agradecemos, Dios, por el tiempo que pudimos compartir con nuestro ser amado, por los recuerdos y momentos felices que nos dejó. Que su memoria siga viva en nuestros corazones y que nos ayude a encontrar consuelo en medio del dolor. Por todo esto, te pedimos, Señor, que escuches nuestra plegaria y la lleves hasta el cielo, para que nuestro familiar y ser amado fallecido encuentren la paz en tu presencia. Amén.

DIA 18

Oh Padre Celestial, en este día 18 de la novena dedicada a nuestro familiar y ser amado que ha partido de este mundo, te pedimos humildemente que recibas nuestras plegarias con amor y misericordia. Te pedimos, Señor, que cuides y protejas el alma de nuestro ser querido, dándole paz y descanso eterno en tu presencia. Que su espíritu encuentre consuelo y felicidad en tu reino celestial. Derrama tu amor y tu luz sobre nosotros, sus familiares y amigos, para que encontremos consuelo en tu presencia y fortaleza para seguir adelante sin su presencia física. Ayúdanos a recordar con gratitud todo lo bueno que nos brindó en vida y a seguir su ejemplo de amor y bondad. Te pedimos también, Señor, que nos ayudes a aceptar tu voluntad y a encontrar consuelo en nuestra fe, sabiendo que un día nos reuniremos de nuevo con nuestro ser amado en tu presencia. Te damos gracias, Padre, por el regalo de la vida de nuestro ser querido y por el tiempo que compartimos juntos en este mundo. Te pedimos que nos fortalezcas en nuestra fe, para que podamos seguir adelante con esperanza y confianza en tu amor y en tu promesa de vida eterna. Encomendamos a nuestro familiar y ser amado a tu misericordia infinita, confiando en que su alma descansa en paz en tu presencia. Que así sea. Amén.

DIA 19

Oh amado familiar, En este día de la novena, Te recordamos con amor y gratitud, Por todas las bendiciones que nos diste en vida. Que tu espíritu encuentre paz y descanso, En la presencia divina, Y que tu luz brille eternamente en nuestros corazones. Te pedimos que intercedas por nosotros, Para que encontremos consuelo y fortaleza, En estos días de dolor y soledad. Que tu ejemplo de amor y bondad, Nos guíe por el camino de la bondad y la compasión, Y que tu memoria sea una inspiración constante, Para vivir nuestras vidas con generosidad y entrega. Amado familiar, te recordamos con cariño, Y te encomendamos a la misericordia de Dios, Para que tu alma descansc en paz, Y tu recuerdo perdure por siempre en nuestros corazones. Amén.

DIA 20

Dios misericordioso y lleno de amor, Hoy nos reunimos en oración en el día 20 de la novena en memoria de nuestro familiar y ser amado que ha partido de este mundo. Con humildad y fe, elevamos nuestras plegarias hacia ti para que escuches nuestras súplicas y reconfortes nuestros corazones en este momento de dolor y tristeza. Señor, te pedimos que acojas a nuestro ser querido en tu seno, dándole la paz eterna y la felicidad que solo Tú puedes ofrecer. Que su alma descanse en tu presencia, rodeada de tu luz y amor infinito. Te pedimos también, Señor, que nos des la fuerza y el consuelo necesario para seguir adelante en este camino de la vida, sin la presencia física de nuestro ser querido. Que en nuestro dolor encontremos la esperanza y la fe que nos permita superar esta prueba, confiando en que un día nos volveremos a encontrar en tu reino celestial. Ayúdanos a recordar los momentos felices y los momentos de amor compartidos con nuestro ser querido, y agradecerte por habernos dado la oportunidad de tenerlo en nuestras vidas. Permítenos también perdonar cualquier error o falta cometida, y agradecer por el tiempo que compartimos juntos. Dios misericordioso, te pedimos que en este día especial, nuestras plegarias lleguen al cielo y sean escuchadas por nuestro ser querido. Que su alma encuentre consuelo y paz en tu presencia, y que nuestra fe se fortalezca en el amor y la esperanza que nos brindas. Amén.

SANTO ROSARIO

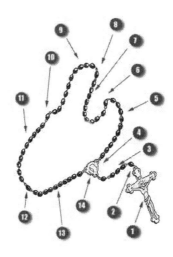

1- PERSIGNACION

2- EL CREDO

3- PRIMERA ESFERA; el yo confieso; segunda esfera; el salve reina y madre; tercera esfera; el gloria de misa; cuarta esfera; el credo

4- PRIMERA INTENCION

Amado Dios, En este momento de tristeza y duelo, te pedimos que nos des fuerza y consuelo para sobrellevar la pérdida de nuestros seres amados que han partido de este mundo. Te pedimos que los tengas en tu santa gloria y los guíes en su camino hacia la luz eterna. Que estén en paz y que su memoria viva en nuestros corazones para siempre. Permítenos sentir tu presencia y tu amor en estos momentos difíciles, y ayúdanos a encontrar consuelo en la certeza de que algún día nos reuniremos de nuevo con aquellos que amamos. Te damos gracias por el tiempo que compartimos con ellos en esta vida y te pedimos que nos des la fortaleza para seguir adelante, confiando en tu divina voluntad.

5- DIEZ SANTA MARIA, DOS PADRES NUESTROS, DOS GLORIA AL PADRE.

6- SEGUNDA INTENCION

Querida Virgen María, en este momento de dolor y tristeza, acudimos a ti con el corazón lleno de amor y esperanza. Te pedimos que intercedas por nuestros seres amados que han partido de este mundo, para que encuentren paz y descansen en tu divina presencia. Danos la fortaleza y el consuelo que necesitamos para sobrellevar la ausencia de quienes tanto amamos. Permítenos sentir tu amor y protección en medio de nuestra aflicción, y ayúdanos a aceptar la voluntad de Dios con humildad y resignación. Virgen María, guía nuestros pasos por el camino de la fe y la esperanza, y enséñanos a confiar en la promesa de la vida eterna.

7- DIEZ SANTA MARIA, DOS PADRES NUESTROS, DOS GLORIA AL PADRE

8- TERCERA INTENCION

Oh Espíritu Santo, te pedimos que envíes tu amor y consuelo a nuestros seres amados fallecidos. Que encuentren paz y descanso en tu presencia eterna. Guíanos a nosotros, sus seres queridos, para recordar con cariño sus vidas y honrar su legado. Ayúdanos a seguir adelante con la fe en que algún día nos reuniremos de nuevo en la gloria del Señor.

9- DIEZ SANTA MARIA, DOS PADRES NUESTROS, DOS GLORIA AL PADRE

10- CUARTA INTENCION

Oh Santísima Trinidad y amados Santos, en este día en el que recordamos a todos nuestros seres queridos que han partido de este mundo, te pedimos que intercedan ante Dios para que reciban el perdón eterno y gocen de la paz y la luz de su presencia. Te pedimos, Señor, que en tu infinita misericordia y amor, puedas acoger a cada uno de ellos en tu reino celestial, donde no haya dolor ni sufrimiento, solo gozo y felicidad eterna. Que en este día de Todos los Santos, podamos recordar a nuestros seres queridos con amor y gratitud, sabiendo que están en un lugar mejor, al cuidado y protección de tu divina presencia.

11- DIEZ SANTA MARIA, DOS PADRES NUESTROS, DOS GLORIA AL PADRE

12- QUINTA INTENCION

Oh, corte celestial, en este momento nos dirigimos a ti con profunda devoción y amor en nuestros corazones. Te pedimos, por favor, que extiendas tu mano misericordiosa hacia nuestros seres amados que han partido de este mundo. Que les concedas el descanso eterno en tu jardín celestial, donde puedan vivir en paz y armonía por toda la eternidad. Que sus almas encuentren consuelo y descanso, y que su luz brille siempre en nuestro recuerdo. Te pedimos, corte celestial, que cuides de ellos con tu amor infinito y los guíes por el camino de la luz y la felicidad eterna. Que su espíritu encuentre la paz que tanto merecen y que su memoria perdure en nuestros corazones por siempre. Con humildad y sinceridad, te pedimos que escuches nuestra súplica y que bendigas a nuestros seres amados fallecidos con tu gracia divina. Amén.

13- DIEZ SANTA MARIA, DOS PADRES NUESTROS, DOS GLORIA AL PADRE

14- ORACION FINAL

Querido ser amado, Hoy es el último día de nuestro novenario en tu honor, un tiempo en el que hemos dedicado nuestros pensamientos, nuestras oraciones y nuestro amor hacia ti. Durante días hemos recordado los momentos felices que compartimos juntos, hemos llorado tu ausencia y hemos sentido tu presencia en nuestro corazón. A lo largo de este novenario, hemos reflexionado sobre la importancia de valorar cada instante de la vida, de expresar nuestros sentimientos y de demostrar nuestro amor a quienes nos rodean. Tu partida nos ha enseñado a apreciar cada momento, a no dar por sentado a quienes amamos y a vivir con gratitud por todo lo que tenemos Aunque tu ausencia física duele, hoy queremos recordarte con alegría y agradecimiento por todo lo que fuiste para nosotros. Tu presencia sigue viva en nuestros recuerdos, en nuestras conversaciones y en nuestro amor eterno. Que en este último día de nuestro novenario, podamos encontrar consuelo en el recuerdo de tu vida, en la certeza de que siempre estarás con nosotros y en la esperanza de un reencuentro en el hogar eterno. Descansa en paz, querido ser amado, y saborea la gloria de la eternidad. Siempre te recordaremos con amor y gratitud. Con cariño y eterno apego los seres que te amamos y amaremos siempre

CARTA DE DESPEDIDA

Querido ser amado, Hoy nos despedimos de ti con el corazón lleno de dolor y tristeza. Sabemos que ya no estás entre nosotros físicamente, pero tu presencia seguirá viviendo en nuestros corazones para siempre. Agradecemos por cada momento compartido, por cada sonrisa, por cada abrazo. Tu amor y tu luz han dejado una huella imborrable en nuestras vidas y te llevaremos siempre con nosotros, a donde quiera que vayamos. Te pedimos, amado ser, que sigas guiándonos desde el cielo, que nos des fuerzas para seguir adelante sin ti y que nos permitas sentir tu paz y tu amor en cada paso que demos. Descansa en paz, querido ser amado. Sabemos que estás en un lugar mejor, libre de sufrimiento y rodeado de amor. Siempre te recordaremos con cariño y gratitud. Hasta que nos encontremos de nuevo en la luz eterna, te despedimos con amor y con la certeza de que tu espíritu seguirá brillando en nuestras vidas, por siempre jamás Amén.

DALE SEÑOR EL DESCANSO ETERNO Y BRILLE PARA EL/ELLA (EL NOMBRE DE TU SER AMADO) EL DESCANSO ETERNO.

Made in the USA
Las Vegas, NV
05 October 2024

96332681R00022